शब्द मनातले

SHAYRI HAI, HAR DIL KI
SACCHI DAIRY

आकांक्षा पाटील

DEDICATION

I would like to thanks my participants as I always do in my every new anthologies.

Without You all , it is not possible to conduct such anthologies & exciting competitions.

Always bless me with lots of love and always trust Me and My Publication house forever.

THE DESIRE PUBLICATIONS

AAKANKSHA L. PATIL

अनुक्रमणिका

अनुक्रमणिका

1. ABOUT FOUNDER

Miss. Aakanksha Laxmikant Patil who lives in Mumbai always in need
to encourage others and help others regarding various issues. She feels
that smile is the good healing power to heal every painful moments
and give a once more to this amazing and nature- gifted life.
She have started her caarrer in writings since she was just passed out her SSC BOARD EXAMS.
She had written in college magazines too. She had written for various anthologies offered by various compilers.
She is the Founder of " The Desire Publications" on a small scale social group. She motivates them to
pinned well in her book and also provides royalty with other suprises as much as she can afford.
She had successfully completed her 1st project " The Unforgettable Moments of Life"

with 10 happy and satisfied co-authors, 2nd anthology on "The Special Person of My Life" and " Shayri , Har Dil ki Sacchi Dairy" which is Shayri competition with dedicated writers.

2. SMILE ALWAYS HIDES THE PAIN....

AAKANKSHA L. PATIL

3. DIL KE KHAAS ZAZBAT SIRF TERE LIYE

मेरी आंखें बरसों से तरसी है,
तेरी इस एक मुलाकात के लिए....
तेरी बाहों में,
अपना सुख- दुख
मुकम्मल करने के लिए......!

हर एक पल तेरे लिए जीना है,
हर एक पल तेरे लिए मरना है,
हर एक पल खुशी से घूमने के लिए,
हर एक पल तेरी बाहों में रोने के लिए,
हमसफर मुझे तू चाहिए...!
मेरी इस तन्हा जिंदगी के लिए!

4. FAKT TUZYASATHI

तुझ्या डोळ्यात पाहता,
मी स्वतःला विसरून जाते मला....
बस झाला दुरावा आता,
प्रेमाने ये ना मिठीत जरा.....!

माझ्या रूपाला तुझ्या शिवाय अर्थ नाही,
तू माझ्याकडे प्रेमाने बघता क्षणी
माझा जीव, तुझ्याशिवाय करमत नाही....!
आकांक्षा पाटील

5. LAV MORE (MS DHONI)

मी एक छोटा लेखक आहे आणि मी दुसर्‍या ग्रहावर राहतो आहे आणि त्याच नाव लेखकाचा उद्योग आहे आणि मी आरशात माझा चेहरा पाहिला आणि मला जाणवले की मी लेखकासारखा (स्वतःच्या मनाची समजूत) दिसतो.....

6. PARTICIPATE NO-1

LAV MORE

7. DIL KI BAAT KAHTA HU MAIN!

आशिक बने तो कबसे बैठे है,
बस आशिकी निभानेवाला मिलनेकी देरी है!

अरे हम तो कबसे जिंदा है,
पर उनकी कातिल नजर हमको मार डालती है!

अरे हमे भी तो थोडा आजमा लिजीए,
कबसे खाली बैठे है आपके इश्क के लिये,
और तो और आपके लिये खुदा से भी रुठे बैठे है!

जब तक जान है तब तक दिल लगा लिजिये,
एक ना एक दिन तो सिर्फ यादो मे हि बस जाना है!

थोडा और दर्द सह लेंगे उसमे क्या है,
थोडा और खुदके लिये कम जी लेंगे उसमे क्या है,यही तो
नाम ए जिंदगी है तकलीफ तो होगी ऊसमे क्या है!

❧❧❧

हम लडके है जनाब हर वक्त जिम्म्मदारी
कि चद्दर ओढे घुमते है,
कभी सपने पिछे छोड देते है या फिर कभी कुछ अपने
छोड देते है!

❧❧❧

दुसरोकी कि मदत करना तो आदत सि हो जाती है,
पर खुद पर बात आते हि खुद कि हि झोली खाली रह
जाती है!

❧❧❧

अक्सर औरोंको मनाने मे आगे आ जाते है,
अक्सर औरोंको मनाने मे आगे आ जाते है,
पर खुद को मनाने मे पिछे हि रह जाते है!

❧❧❧

कैसे थे और क्या से क्या हो गये,
कैसे थे और क्या से क्या हो गये,
पहले हम उनके लिये दर्द थे अब उस दर्द कि दवा हो गये!

❧❧❧

सिर्फ शकल मत देखीये दिल भी साफ रखते है हम!
- LAV MORE

8. DEEPTI GUPTA

दीप्ति गुप्ता एक लेखिका और कवित्री है। कलम एवं शब्दो का सही प्रयोग से सबको सही दिशा दिखाना इनकी लेखनी का उद्देश है।यह एक signed digital author हैं और अब तक 5 E-novels लिख चुकी है। इनका एक प्रसीद youtube poetry channel भी है "penning your emotions"!
Instagram@deepti_heartypoems

9. PARTICIPATE NO-2

DEEPTI GUPTA

10. DIL KI ZAZBAATE

ज़िंदगी को बेहतर बनाने की कोशिश में हर बूरे लम्हे के
अध्याय को ख़त्म कर रहे हैं,
युही खुद खुद को ख़त्म कर ज़िंदगी बसर कर रहे हैं।

मैंने सुनी थीं बचपन में एक कहानी,
एक था राजा, एक थी रानी,
बचपन बीत गया, यादें बन कर रेहगी,
ना फिर मिली वो कागज़ की कश्ती न वो बारिश का
पानी,बचपन में ही जी थी दिल से जिंदगानी,
अब तो जिमेदारिया ही रेहगी है निभानी।

कभी पढ़ने का शौंक था, जीन कहानियों को,
आज उनसे बेहतर लिखती हूं ऐसा, मेरी कहानियां पढ़ने
वाले लोग मेरी परशंसा में कहते हैं।

ज़ेहन में बहुत कुछ है पर मैं लिखती नहीं,
तेरे सिवा इन आंखों में कोई और तस्वीर टिकती नहीं,
तुझसे ये दुनिया मेरी, तेरे बिन कोई खुशी मुझे दिखती
नहीं,

ज़माना लाख दौलत बटोर ले, पर यकीन मानिए जनाब,
सच्ची मोहब्बत आज भी बिकती नही।

❀❀❀

सपने अधूरे मेरे,
कुछ अधूरे से उनके गम,
अधूरी सी मेरी कहानी रही,
आधे अधूरे से रहे हम।

❀❀❀

वो कुछ अधूरे ख्वाब मेरे,
जिन्हें मुझे पूरा करना था,
आज वही मुझसे पूछ रहे क्या जो कर रहे हों वहीं करना
था।
झूट्ठी मुस्कान चेहरे पे लपेट हर पल दिल ही दिल आहे
भरना था,
सूरज ढलता तेरे साथ देखू,
चांद चलता तेरे साथ देखू,
हैं अगर ये ख्वाब मेरा, तो ख्वाब ही सही तेरे साथ देखू।

❀❀❀

सुकून तेरी पन्हाओ में था,
सुकून तुझ तक ले जाती राहों में था,
जब तू था मुझ में, मैं तू था ,तुझ में मेरी मंज़िल,
तू जो यूं बीच रहा छोड़ गया, तो बेमाइना होगया हर
हासिल।

❀❀❀

ना ही वो दिन रहे,
ना ही वो शौंक,
ना ही वो बातें रही,
ना ही वो लोग

❧❧❧

पता है तुम्हें
अक्सर रातों में,
मैं बहुत बातें करती हूं तुम्हारी चांद से,
तुम्हारे आने से पहले, तुम्हारे जाने के बाद में, कभी
तारीफ तुम्हारी, मै बहुत शिकायते भी करती हूं तुम्हारी
चांद से।
फर्क पहले पड़ता था,
अब तो असर भी नहीं होता,
यादें पहले सताती थी,
अब कहीं तेरा ज़िक्र भी नही होता।

❧❧❧

तुमसे मिलकर तुम्हें कुछ कहना था,
ये तो बस एक बहाना था,
मुझे तो बस कुछ ओर वक्त तुम्हारे साथ रहना था!

❧❧❧

मुझे उठना सिखाया,
मुझे जुड़ना सिखाया,
मुझे कांटों से लड़ना,

अंगारों पे चलना सिखाया,
इस ज़िंदगी की पाठशाला ने मुझे अपना मुखदर लिखना
और लोगो की हकीकत बखूबी पढ़ना सिखाया।

11. DIL KI ZAZBAATE

Barish ki bundo mei Aaj bhi Teri awaz ki
khanak sunti hai
Lakh nzaare dekhle pr yeh bs teri jhalak
dekhna chunti hai.....

Mere swaaal khtam nahi hue uske jwabo k
intzaar, bs intzaar k saath swaal or gehrate
rhe.....

Ek dard hai jo andar hi andar kha raha hai
mujhko,
Ek shaksh hai jo bahut yaad araha hai mujhko,
Ek pal ka sath jo nibhaya usne wo pal har pal
rula Raha hai mujko,
Ek yaad sta Rahi hai bahut, Ishq sta Raha hai
mujhko,
Ek dard hai jo andar hi kaha Raha hai
mujko......

Ek shaksh hai meri zindagi mein jisse chaha
maine zindagi se jyda,
Usski Khushi dugni ki maine, Uska har gum
kiya aadha,
Umar bhar, akheer sans Tak sath ka kiya
waada,
Ek shaksh hai meri zindagi jisse chaha maine
zindagi se jyda....

Kuch baatein hoti kuch mulakate hoti, yeh
khwaab Mera khwaab na rehta to sch Suhhaani
barsaatein hoti
-DEEPTI GUPTA

12. SWAPNALI BANE

स्वप्नकविश एक पान , अनुभवाचं , पानगळती पासून नव्या बहरापर्यांतच , प्रेमापासून विरहापर्यंतचं आणि आयुष्य
जगण्याच्या नव्या उमेदीचं ! स्वतःची कोणतीही ओळख नसलेलं तरीही बऱ्याच जणांच्या ओळखीचं आणि विझलेल्या
राखेतून पेटलेल्या ज्वलंत संग्रामाचं...

13. PARTICIPATE-3

SWAPNALI BANE

14. DIL KI KUCH BAATE

डोळ्यात इशारे करता तू लबाड गाली हसतो, वो गुलाबी
हँसी बस्स तुम सिर्फ मेरे नाम करना...!

मी चालत असता मागे तू वळूनही पाहत नाही, तकल्लुफ़
सें भरे तुम, मुझे कभी तो देखना... !

मी लिहिलेल्या ओळी तुझी ओळख देतात म्हणे, तुम्हारा
और अलग परिचय किसको क्या देना???

15. SHREYA MISTRY

CA inter student,
Junior- NM college
Senior -Sydenham college
I am very fond of writing blogs, short stories
and poems etc.

16. PARTICIPATE NO-4

SHREYA MISTRY

17. SHAYARI KE KUCH ANDAAZ......

दिल से इस कदर चाहा है तुझे की इबादत बनाया है!
कौन कहता है मोहब्बत इंसान से करता है इंसान,
ए ख्वाब..
हमने तो खुद को फना कर सिर्फ मुझे पाने का ख्वाब
सजाया है!!
- श्रेया मिस्त्री

18. SARANYA EDUPALLI

A working professional from Hyderabad, Telangana, who loves to write, eat and explore life

19. PARTICIPATE NO-5

SARANYA EDUPALLI

20. DIL KYA KAHTA HAI....?

?किसी ने ठीक कहा है कि नशा करना हानिकारक है,
लेकिन ये किसी ने नहीं कहा की मोहब्बत उससे भी
हानिकारक है,
नशा का क्या है जनाब, सिर्फ जान लेता है,
और प्यार तो वो नशा है जो जान के साथ साथ मन भी
लेता है,
नशा से तो बच सकते हो, इश्क से कैसे बचोगे,
ना जीने देती है, ना मरने देती है, सिर्फ ज़िंदा रखके हर
वक्त तड़पाती है।।

क्या खूब बनाएं हैं आपको मौला,
आपको देखते हि ज़ुबान से निकलता है माशॉल्ला,
क्या खूब बनाएं हैं आपको मौला.....
आपको देखते हि ज़ुबान से निकलता है माशॉल्ला,
सुंदर है आपका रूप, उससे ज़्यादा सुंदर है आपका दिल,
आपकी आंखें हमेशा करती हैं हमारे दिल को कातिल।।

21. DIL KYA KAHTA HAI....?

Ek ajnabee tha jisko humne dil de baitha tha,
Ajnabee kab Aashiqui ho gaya patha nahi chala
tha,
Socha tha zindagi ka dariya milkar paar
karenge,
Akele chod ke chala gaya, wajah nahi patha
tha,
Aashiqui woh sirf hamara hi nahi, kisi aur ka
bhi tha....

22. WHEN I SAW YOU....!

Beautiful was the day when I saw you,
Memorable was the day when I met you,
There is something very special about you,
Which made me fall deeply in love with you,
Whenever I think of you, unknowingly I smile,
Even though you are away from me a mile,
Each time I see you, I fall in love all over
again,
You are like the thunder and me the rain,
Your name brings a spark in my eyes,
Your voice makes my heart beat twice,
You are there in my dreams, you are there in
reality.....!

23. RAVINA RAGHUNATH RIKAME

मी रविना रघुनाथ रिकामे
शिक्षण B.Com
मला सामाजिक, शिक्षण व वर्तमानात घडत असलेल्या गोष्टींवर तसेच इतर विषयांवर कविता आणि चारोळी लिहायला आवडते.

24. PARTICIPATE NO-6

RAVINA RAGHUNATH RIKAME

25. वक्त के साथ चलना हैं।

ना पिछे मुड़ना हैं
ना आगे झुकना हैं
वक्त के पहिए को देख
वक्त के साथ चलना हैं।
आसमां में ना उड़ना मुझे
नीचे गिरने का डर है
ज़मीं पें ही रहकर बस्स! नाम कमाना है
ऐसा कुछ कर जाना हैं मुझे।
मुश्किलों को हार मान
ना वहीं रूकना हैं मुझे
कोशिशें तो करती रहूंगी
जब तक मंजिल ना मिल जाए मुझे।
कदम ना रूकने दूं
जीत ना मिल जाए जब तक
गिरने पर उठ जाना हैं
हर हार को जीत मे बदलना हैं मुझे।
जिंदगी के कुछ लम्हें में
जिंदगी को जीना हैं
खुशी से यह जी सकूं
ऐसा कुछ कर जाना हैं मुझे।

शब्द मनातले

- रविना रघुनाथ रिकामे

26. S.P PRABHASINI

She is S.P.Pravasini Hota from Rourkela, Odisha . She just completed her graduation BSc physics. She writes poems , short stories and quotes. She started writing before 8 years ago. Not so professional but she has worked as a co- author in various anthologies.

You can check her writings in your quote app (S.P.Pravasini) .You can also contact her via Instagram (s.p.pravasini__soni).

27. PARTICIPATE NO-7

S.P PRABHASINI

28. KUCH BAATE DIL KI......

तुझे हर किसीसे छुपाकर रखना मजबूरी है मेरी,
अक्सर क़ीमती चीजों के खो जाने के डर लगी रहती है ।

तुम खास हो ये मैं हर किसीको बताई फिरती हूँ ,
पर मेरी जगह आज तुमने दिखाई है मुझे ।
उसके दुआएँ चाहे किसीके नाम हो मेरे मौला,
पर मेरे दुआओं मेरे महबूब के नाम करदे ।

खुस किस्मत है वो हवाएं
जो हरबार तेरे बदन से लिपट जाते हैं,
हमको इतनी छुट कहाँ
हम तो दूर से निहारने वाले है ।

दूर बेठे उन तारों से क्या शिकायत करूँ
जब मेरे चांद ही रूठ गई है मुझसे,
अब ये सावन की वारिस में दिल कहाँ लगता है
सब फिक्की है तेरे दूर जाने से ।

❧❧❧

खंजर जैसी आखें है उनके
चलते चलते घायल करते हैं,
लाखो मरते है उनपर मगर खुशनसीब है हम
कि वो बस हम पर मरती है ।

❧❧❧

मोहब्बत के बाहों में हम थे
और हमारे बाहों में वो,
सुबह आखें खोली तो हम और मोहब्बत थे साथ में
और कई दूर चली गई थी वो ।

www.ingramcontent.com/pod-product-compliance
Lightning Source LLC
Chambersburg PA
CBHW031005180726

47993CB00018B/1569